ANNETE
ET
LUBIN,
PASTORALE,

Mise en Vers par M. Marmontel, & en Musique, par M. de la Borde.

Le prix est de 30 sols.

A PARIS;
Chez Lesclapart, quai de Gêvres.

M. DCC. LXII.

ANNETE
ET
LUBIN,
PASTORALE.

SCENE PREMIERE.

Le Théâtre représente un payſage où l'on voit la cabane de Lubin & d'Annete.

Tout ce qui eſt marqué par des guillemets, eſt mis en chant.

ANNETE *ſeule.*

N° 1.

« Qu'elle eſt belle, ma cabane !
» C'eſt l'ouvrage de Lubin.
» Si ce feuillage ſe fane,
» Il le change de ſa main.

A

» Dès que le Soleil se leve,
» Il éclaire ce séjour.
» J'y vois Lubin tout le jour ;
» Ou s'il est absent, j'y rêve :
» Mon cœur attend son retour ».

En s'en allant de bon matin
Vendre à Paris notre laitage,
Il m'a dit: *Chere Annete, adieu, pense à Lubin.*
Avant midi, si je fais bon voyage,
Je serai de retour. Oh ! rien n'est plus certain ;
Car j'en ai deux baisers pour gage.
Il est bientôt midi. Du soin de mon ménage,
En l'attendant, il faut nous occuper.

Elle va & vient dans la cabane, en chantant.

N°. 2. Vaudeville.

« Loin de son linot,
» La linotte est plaintive.
» Il vole, aussi-tôt
» Voyez comme elle est vive.
» Le plaisir donne à leur chant
» Une ame nouvelle.
» Le linot est plus touchant,
» La linotte plus belle.
» Tout dit que, pour être heureux,
» Il faut que l'on soit deux.

PASTORALE.

» Deux jeunes tilleuls,
» Plantés sur le rivage,
» Tant qu'ils étoient seuls,
» Plioient au moindre orage.
» Prêts à se voir renversés,
» Leurs rameaux s'unissent.
» Dès qu'ils sont entrelacés,
» Voyez comme ils fleurissent.
» Tout dit que, pour être heureux,
» Il faut que l'on soit deux ».
Il ne vient point encor... je regarde, j'écoute...
Le Soleil se trompe sans doute ;
Car Lubin ne peut me tromper.
Le voici. Je suis enchantée !
Mais de m'avoir inquiétée,
Je veux, pour le punir, feindre de m'échaper.
Elle tourne autour de la cabane.

SCENE II.
LUBIN, ANNETE.

LUBIN *dans l'éloignement.*

N°. 3.

« J'ENTENS sa voix,
» Je la revois,

ANNETE ET LUBIN,

» Ma chere Annete, ma Compagne,
» La fleur, l'ornement de ces bois.
» Riches palais, superbes toits,
» Vous ne valez pas ma campagne :
» J'y suis plus heureux que les Rois.
    » A la ville
    » Tout languit ;
    » Tout fleurit
    » Dans cet asyle.
» A nos vœux docile
» La nature nous sourit.
» Quel bonheur pur & tranquille » !

ANNETE *en se cachant encore.*

Lubin, Lubin.

LUBIN.

« J'entens sa voix,
» Je la revois
» Ma chere Annete, ma Compagne,
» La fleur, l'ornement de ces bois.
» Riches palais, superbes toits,
» Vous ne valez pas ma campagne :
» J'y suis plus heureux que les Rois ».

ANNETE *courant à lui.*

Lubin, plus heureux que les Rois !

PASTORALE.

LUBIN.
Oui plus heureux cent fois,
Quand je tiens mon Annete.

ANNETE.
Ah! j'étois bien inquiete!
Mais enfin tu m'es rendu.
As-tu fait bon voyage?

LUBIN.
Oui da: j'ai tout vendu.

ANNETE.
As-tu pensé, dans cette longue absence,
A ton Annete?

LUBIN.
A qui veux-tu donc que je pense?

ANNETE.
Tu m'aimes?

LUBIN.
Si je t'aime!

ANNETE.
Ah! cela m'est bien dû.

LUBIN.

Ton image fuit mon ame,
Comme l'ombre fuit le corps.
Quand je veille, & quand je dors,
Je te tiens là *, vois-tu ? dame !
C'eſt que jamais tu n'en fors.

ANNETE.

Mon cher Lubin, repoſe-toi de grace :
Tu dois être bien fatigué !

LUBIN.

Non. Comme ce matin je me ſens leſte & gai.
Aller fatigue un peu ; mais revenir délaſſe.

ANNETE.

L'air de la ville eſt triſte, épais, obſcur.

LUBIN.

Et le nôtre eſt ſi doux, ſi riant & ſi pur !

ANNETE.

En habit de paſteurs, en ſimples païſannes,
Que ne viennent-ils tous, dans la belle ſaiſon,

* Il montre ſon cœur.

PASTORALE.

Habiter, deux à deux, fous de belles cabanes?
Avec leurs fombres toits quelle comparaifon!

LUBIN.

Ils ont beau décorer les murs de leur prifon;
Ces tapis, dont on fait une rare merveille,
Ne valent pas nos lits de fleurs & de gazon.
Comme on y dort, Annete, & comme on s'y
    réveille!

ANNETE.

N. 4.

« C'eft pour nous que les oifeaux
» Forment un fi doux ramage;
» Du Ciel la brillante image
» Pour nous fe peint fur les eaux;
» Pour nous le zéphir volage
» Fait badiner le feuillage
» De ces jeunes arbriffeaux;
» C'eft pour nous que la Nature
» Renouvelle fa parure,
» Et rajeunit fa beauté:
» La ville en a la peinture,
» Et nous la réalité ».

LUBIN.

A fon réveil j'ai vû la Dame

Qui t'avoit dit de m'envoyer
Pour chasser l'ennui de son ame :
Elle commence à s'égayer.

ANNETE.

C'est que ta belle humeur, Lubin, se communique.
Elle avoit grand besoin de ce remede là!
L'autre jour elle m'appella :
On lui faisoit de la musique ;
Ah, Lubin, qu'elle s'ennuyoit
De tout ce bruit, qu'elle payoit !
Moi je disois : que ne vient-elle
Entendre un matin, dans nos bois,
Tous ces rossignols, dont la voix
Fait une musique si belle ?

LUBIN.

Juge, Annete, juge combien
Nous devons aimer notre asyle :
Nous avons le plaisir pour rien,
Et l'ennui s'achette à la ville.
Aussi l'on a beau me flater ;
Je ne crois pas qu'on m'y retienne.
La Dame a voulu me tenter.

PASTORALE.
ANNETE.
Quelle Dame ?
LUBIN.
Et parbleu la tienne.
ANNETE.
Bon !
LUBIN.
Avec un air attrayant
Elle difoit en me voyant :
N. 5.
« Ah ! c'eft Lubin !
» J'en fuis ravie.
» J'avois envie
» De voir un matin
« Ce nez en l'air, ce joli tein.
» Ah ! c'eft Lubin !
» J'en fuis ravie.
» Approche, mon garçon.
» J'aime à la folie
» Son air fans façon.
» Lubin, es-tu fage ?
» Je gage
» Que non.
» Quel âge ?

» Seize ans.
» Seize ans !
» Ah le bel âge !
» Ah quel dommage
» Que cela soit au village !
» Seize ans !
» Ah le bel âge !
» Mais ses yeux sont fort plaisans ».

ANNETE.

Lubin, il ne faut plus aller là.

LUBIN.

Je n'ai garde.

ANNETE.

Mais nous nous amusons, & le troupeau...regarde:
Dans le pré du Seigneur du lieu
Je crois voir....

LUBIN.

L'y voilà, ma foi, tout au milieu.
Je vais l'en détourner.

ANNETE *courant après lui.*

Atend, j'y vais moi-même.
Elle revient.

SCÈNE III.

ANNETE *seule.*

J'OUBLIOIS les troupeaux en voyant le Berger.
On ne songe à rien quand on aime.
N'avons-nous pas tous deux oublié de manger?...
Mais voici des Chasseurs... Monseigneur en per-
sonne!

SCÈNE IV.

ANNETE, LE SEIGNEUR *& sa suite en habit de chasse.*

LE SEIGNEUR *à sa suite :*

REposons-nous. La course est bonne.
Avant de battre ces guerets,
A faire halte ici l'ombrage nous invite.
Ce gazon semble fait exprès.
      Il apperçoit Annete.
Que vois-je? Elle est jolie. Aprochez ma petite.
Vous avez sans doute ici près

ANNETE ET LUBIN,

Quelque fontaine, où mettre une bouteille au frais?

ANNETE.

Oui, Monseigneur, même autre chose
  Si j'osois vous le proposer,
Et de tout ce que j'ai vous pouvez disposer.

LE SEIGNEUR.

  Elle est fraiche comme une rose.
Vous vous nommez?

ANNETE.

   Annete.

LE SEIGNEUR.

    Annete? Un joli nom!
Que nous donnerez-vous de bon?

ANNETE.

Rien ne manque dans mon ménage.
  J'ai le fruit le plus beau,
Des œufs frais, de bon laitage,
  Et sur-tout la plus belle eau.

LE SEIGNEUR.

Allez donc nous chercher de cette belle eau claire

Pour rafraichir le vin. Je récompenserai
Tout l'embarras que je vous donnerai.

ANNETE.

Le plaisir en est le salaire.

Elle sort.

SCENE V.

LE SEIGNEUR & *sa suite.*

LE SEIGNEUR.

N°. 6.

« HE les voilà, les mœurs de la nature !
» Voyez comme cela
» Donne tout ce qu'il a.
» Quelle gaité naïve & pure !
» La politesse a-t-elle cet air-là ?
» Annete est simple, elle est riante :
» Son langage est celui du cœur.
» Sa taille n'est pas élégante ;
» Mais quel éclat ! quelle fraicheur !
» Ah ! je sens bien que la candeur
» Est des graces la plus touchante ».

SCENE VI.

Annete revient tenant un seau d'une main, de l'autre un panier & son tablier plein de fruits.

ANNETE, LE SEIGNEUR, &c.

LE SEIGNEUR.

MA belle Annete, grand merci.

ANNETE.

En cas de soif pendant la chasse,
Monseigneur permet qu'on lui fasse
Un panier des fruits que voici ?
Pendant que les Chasseurs font halte, Annete se met à genoux, & arrange les fruits dans le panier.

LE SEIGNEUR.

Comme elle fait tout avec grace !
D'où tirez-vous ces fruits, Annete ?

ANNETE *arrangeant les fruits.*

D'un jardin
Planté, cultivé par Lubin,
Sur le penchant de la coline.

PASTORALE.
LE SEIGNEUR.

Et Lubin, quel est-il ?

ANNETE.

C'est mon petit cousin.

LE SEIGNEUR.

Qu'il est heureux d'avoir une telle cousine !
En vous mirant dans l'eau, ne vous vient-il jamais
Le desir de quitter l'humble état où vous êtes ?

ANNETE *se leve.*

Ah ! si chacun pensoit comme je fais,
L'on ne verroit partout que troupeaux & houlettes.

N°. 7.

« Quand le jour coule sans ennui,
» Quand la nuit se passe en beaux songes,
» Quand le réveil mene avec lui
» Des biens plus doux que ces mensonges,
» Quand le plaisir est toujours pur,
» Et la peine toujours légere,
» Est-ce un malheur de vivre obscur,
» Et doit-on plaindre une bergere » ?

ANNETE ET LUBIN,

LE SEIGNEUR.

Adieu ma belle enfant.

Il veut lui donner de l'argent.

ANNETE *refusant*.

Monseigneur pardonnez ;
Mais...

LE SEIGNEUR.

Je le veux, je vous l'ordonne.
Annete, je reçois ce que vous me donnez ;
Recevez ce que je vous donne.
Vous viendrez au château me voir de tems en tems,
Au moins une fois la femaine.

ANNETE.

Monseigneur permet que j'y mene
Lubin ?

LE SEIGNEUR.

C'est comme je l'entens.
Si de votre bonheur je puis être la cause,
Mon plaisir sera sans égal.

ANNETE.

ANNETE.

Monseigneur, empêchez qu'on nous fasse du mal.
Nous ne demandons autre chose.

SCENE VII.

ANNETE *seule*.

AH que j'aurois voulu que Lubin fût ici !
Je le vois encor dans la plaine.
Que ce troupeau lui donne de souci !
Il va revenir hors d'haleine.
Faisons lui bonne chere, & s'il a de la peine,
Qu'il ait bien du plaisir aussi.
Elle dresse la table & prépare le dîner.

SCENE VIII.

LE BAILLI, ANNETE.

LE BAILLI *sans voir Annete*.

PROMENONS-NOUS vers ces bruyeres.
De loin Monseigneur me verra ;
En me voyant il m'enverra

B

De quoi régaler mes comeres.
Des procès qu'il arrange & termine sans frais,
Cela ne me console gueres.
Je l'aimerois bien mieux, s'il aimoit moins la paix.
Qu'y faire ? Il faut souffrir quand les tems sont mauvais.

« Bon jour, Annete.
» Comment vous va ?
» Mais vous voilà
» Bien rondelette !

ANNETE.

» Oui da.

LE BAILLI.

» Ah ! ma fillette,
» Que vois-je là ?
» Quelqu'un vous a
» Conté fleurette.

ANNETE.

» Fleurette !
» Quel conte est-ce là ?

LE BAILLI.

» C'est le langage d'amourette.

PASTORALE.
ANNETE.
» Hé bien, quel mal nous fait cela ?
LE BAILLI.
» Cette taille légere,
  » Bergere,
» Depuis peu s'arrondit.
» Oui, vous avez, je le répete,
» Ecouté la fleurette.
ANNETE.
» J'écoute tout ce qu'on me dit.
LE BAILLI.
» Et l'on vous a fait des caresses ?
ANNETE.
» Soir & matin, sur ces gazons,
» Lubin & moi nous en faisons.
» Ah si vous voyiez nos tendresses!
LE BAILLI.
» Et vous ne lui refusez rien ?
ANNETE.
» Oh rien; je suis reconnoissante.

B ij

ANNETE ET LUBIN,

LE BAILLI.

» Pauvre innocente !

ANNETE.

» Tout ce qu'il a n'eſt-il pas mien ?
» Avec lui pourquoi me contraindre ?
» Pourquoi ne pas le rendre heureux ?
» On dit les Bergers dangereux ;
» Mais un couſin n'eſt point à craindre.

LE BALLI.

» Quoi vous êtes couſins !

ANNETE.

» Hé oui, couſins.

LE BAILLI.

» Ah malheureuſe !

ANNETE.

» Moi ! malheureuſe !
» Pourquoi ?

LE BAILLI.

» L'aventure eſt affreuſe.
» Que je vous plains !

PASTORALE.

» Que je vous plains » !
Oui vous avez commis un crime.

ANNETE.

Hé je ne sais pas seulement
Ce que c'est qu'un crime, & comment
Cela se fait.

LE BAILLI.

C'est un abîme,
Où l'on se précipite en aimant.

ANNETE.
En aimant !
LE BAILLI.

En aimant d'un amour qui n'est pas légitime.

ANNETE.

Nous l'avons fait innocemment.

LE BAILLI.

Le fruit de cet amour en sera la victime ;
Vous serez mere.

ANNETE.
Qui ? moi ?
LE BAILLI.
Vous.

B iij

ANNETE.

Quoi! tout de bon, je ferai mere !
Ah que ce nom me fera doux !
Et Lubin fera-t-il pere ?

LE BAILLI.

Oui.

ANNETE.

Tant mieux.

LE BAILLI.

Quoi, tant mieux ?

ANNETE.

J'efpere
Mettre au monde un petit Lubin.
Mais, Monfieur le Bailli, vous êtes donc devin ?

LE BAILLI.

En effet, pour avoir pénétré ce myftere,
Ne faut-il pas être bien fin ?

ANNETE.

Mais encor, dités-moi comment cela s'arrange ?

LE BAILLI.

C'eft que vous avez pris le change :

PASTORALE.

Vos amitiés sont de l'amour.

ANNETE.

Hé bien, de l'amour soit. Qu'y voyez-vous d'étrange ?

LE BAILLI.

J'y vois, j'y vois dequoi faire pâlir le jour.
Quoi ! la terre à vos piés ne s'est pas entr'ouverte ?

ANNETE.

De fleurs tous les matins nous la voyons couverte.

LE BAILLI.

Le Ciel n'a pas tonné sur vous ?

ANNETE.

Il tonne quelquefois; mais ce n'est pas pour nous :
Nous ne méritons pas que pour nous le Ciel tonne.

LE BAILLI.

Chaque mot qu'elle dit m'étonne.
Le Ciel est irrité.

ANNETE.

De quoi ?

LE BAILLI.

De vos penchans.

B iiij

ANNETE ET LUBIN;
ANNETE.

Ils ne font de mal à perſonne.
Le Ciel ne hait que les méchans.

LE BAILLI.

Oh que je plains votre innocence!

ANNETE.

Quand on eſt innocent, l'on n'eſt pas malheureux.

LE BAILLI.

Hélas! vous frémirez tous deux,
Quand de votre malheur vous aurez connoiſſance.

N°. 8.

« L'enfant qui de vous naîtra,
» Gémira de ſe connoître.
» Il gémira de vous devoir ſon être.
» En vous voyant il rougira.
» Pour lui c'eſt un malheur de naître,
» Et ce malheur ſur vous retombera.
» Sur cet odieuſe cabane
» Le ſoleil à regret luira.
» Autour de vous retentira
» La voix du Ciel qui vous condamne ».

Il ſort.

SCENE IX.
ANNETE *seule*.

N°. 9.

« QUELLE frayeur vient me saisir !
» Le Ciel, dit-il, est en colere !
» Hélas ! est-ce un mal d'être mere ?
» Lui qui nous donne le desir,
» Peut-il condamner le plaisir ?
» Hélas ! est-ce un mal d'être mere ?
  » O Ciel ! en quoi
  » Lubin & moi
» Avons-nous pu te déplaire ?
» Toi qui nous donne le desir,
» Peux-tu condamner le plaisir ?
» Hélas ! est-ce un mal d'être mere » ?

SCENE X.
ANNETE, LUBIN.

LUBIN.

Je suis venu fort à propos
Pour faire cesser le dommage.
Le troupeau se plaisoit dans ce gras pâturage.
Il est bien ; respirons & dinons en repos.

ANNETE.
Dine seul.

LUBIN.
Comment seul ?

ANNETE.
Je suis trop affligée.

LUBIN.
Qu'as-tu donc ? parle.

ANNETE.
Je ne puis.

PASTORALE

LUBIN.

Ciel ! comme te voilà changée !
Je tremble. Explique toi.

ANNETE.

Je ne sçais où je suis.

LUBIN.

Et qui peut te causer une douleur si vive ?

ANNETE.

Sais-tu bien ce qui nous arrive ?
Nous nous aimons d'amour.

LUBIN.

D'amour !

ANNETE.

Oui, d'amour, oui.

LUBIN.

He bien, j'en suis fort réjoui.

ANNETE.

Nous allons être pere & mere.

LUBIN.

Ah ! ah ! voilà donc le myſtere
Du lacet qu'il falloit allonger tous les jours.
Qui s'en ſeroit douté ? Mais c'eſt comme un pro-
dige.
Annete, mere !

ANNETE.

Hélas ! tu plaiſantes toujours.

LUBIN.

Et d'où vient que cela t'afflige ?

ANNETE.

Le Bailli m'épouvante. Il dit que mon enfant
Rougira de me reconnoître,
Et qu'il ſera fâché que nous l'ayons fait naître.

LUBIN.

La raiſon ?

ANNETE.

La raiſon ? C'eſt que le Ciel défend
Aux couſins de s'aimer. On dit que c'eſt un crime.
Toi, ſais-tu ce que c'eſt qu'un crime ?

PASTORALE.

LUBIN.

Oui: c'est un tort
Que l'on fait.

ANNETE.

Je n'en eus jamais la moindre envie.

LUBIN.

Un crime, par exemple, est de donner la mort;
Mais ce n'en est pas un que de donner la vie.
Le Bailli ne sait ce qu'il dit.

ANNETE.

Ah Lubin! si jamais mon enfant me maudit!..

LUBIN.

N°. 10.

« Laisse-moi calmer tes allarmes;
» Laisse ma main sécher tes larmes;
》 Reviens à toi;
》 Ecoute-moi.
》 Oui, toujours tu me seras chere;
》 Et comme moi mon enfant t'aimera:
》 Il t'aimera; je suis son pere;

» Mon enfant me ressemblera :
» Et si le Ciel est en colere,
» L'innocence l'appaisera ».

ANNETE.

Ah ! le Bailli revient ; va lui parler toi-même.
Il m'a mis dans le cœur certain je ne sais quoi,
Qui vient d'empoisonner en moi
Le plaisir de t'aimer, & de voir ce que j'aime.

SCENE XI.

ANNETE, LUBIN, LE BAILLI.

LUBIN.

Parlez-moi, Monsieur le Bailli,
En quoi, ne vous déplaise, avons-nous donc failli ?
Pourquoi de mon enfant ne suis-je pas le pere ?
Pourquoi celle qui l'aura fait,
Ne sera-t-elle pas la mere ?

LE BAILLI.

Quoi, petit scélérat, tu soutiens ton forfait !
Après avoir perdu cette jeune innocente !

PASTORALE.

LUBIN.

Je ne l'ai point perdue, & la voilà préfente
Pour me reprocher tous mes torts.

LE BAILLI.

Quoi ! fon innocence ravie
Ne te caufe point de remors !

LUBIN.

Moi ! Je l'aime plus que ma vie ;
Je l'aimerai jufqu'au trépas ;
Et quant à vos remors, je ne les connois pas.

LE BAILLI.

Tu ne les connois pas, imprudent ! téméraire !
S'unir fans contrat ! fans Notaire !

LUBIN.

N°. 11.

« Pour s'aimer de bonne foi,
» A-t-on befoin des Notaires ?
» Ma Bergere, l'amour & moi
» Nous n'entendons pas les affaires ;
» Mais pour s'aimer de bonne foi,
» A-t-on befoin des Notaires ?

» A quoi servent les contrats ?
» Les trompeurs & les ingrats
» S'en aiment-ils davantage ?
» Et quand c'est le cœur qui s'engage,
» A quoi servent les contrats ?

LE BAILLI.

Jeune insensé ! quoi, tu raisonnes,
Au lieu de rougir devant moi !
Aprens que les contrats sont les nœuds dont la loi
Se sert, pour réunir les biens & les personnes.

LUBIN.

« Entre nous deux tout n'est-il pas commun ?
» De nos troupeaux l'amour n'en a fait qu'un ;
» De nos deux cœurs l'amour n'a fait qu'une ame.
» Je suis tout pour Annete, elle est tout pour Lubin.
» Si vos loix y mettent la main,
» En sera-t-elle mieux ma femme » ?
Si ce n'est point assez, hé bien, mariez-nous.
Amis, cousins, amans, époux,
Tout cela va fort bien ensemble.

LE BAILLI.

Non, il n'est pas possible.

LUBIN.

PASTORALE.

LUBIN.
Et pourquoi, s'il vous plaît ?
Si j'entens bien ce qu'il en est,
Tout le plus difficile est passé, ce me semble.

LE BAILLI.
C'est-là le crime : il faut vous fuir, vous séparer.

LUBIN.
Avez-vous bien le cœur de nous le déclarer ?

ANNETE.
Quoi, Monsieur le Bailli, n'est-il point de remede ?

LUBIN.
Les riches en ont un : l'argent vient à leur aide ;
Mais, pour vous, ce malheur ne peut se réparer.

ANNETE.
Nous avons un troupeau, notre unique espérance ;
S'il le faut, nous nous en privons.

LE BAILLI.
C'est bien dequoi laver une pareille offense !

ANNETE.
Nous ne pouvons offrir que ce que nous avons.

C

ANNETE ET LUBIN.

» Voyez ma peine,
» Plaignez mon sort.

LE BAILLI.

» La plainte est vaine :
» Il faut d'abord
» Agir d'accord,
» Sans nulle haine.

ANNETE ET LUBIN.

» D'accord,
» Sans nulle haine.

LE BAILLI.

» Je puis sans peine
» Vous faire un sort.

ANNETE ET LUBIN.

» Quel sort ?

LE BAILLI.

» Il faut d'abord
» Que je l'emmene.

PASTORALE,

LUBIN.

» Qui ? vous !

LE BAILLI.

» Moi.

LUBIN.

» Vous !

LE BAILLI *la prenant par la main.*

» Moi, je l'emmene.

LUBIN *la retenant.*

» Comment !

ANNETE *tremblante.*

» Ah Lubin !

LE BAILLI.

» Je l'emmene.

ANNETE ET LUBIN.

» Plûtôt la mort.

LE BAILLI.

» La loi l'ordonne.

ANNETE.
» Le Ciel pardonne.

LUBIN.
» Rien ne m'étonne.

ANNETE ET LUBIN.
» Plûtôt la mort.

LE BAILLI.
» La loi l'ordonne.

ANNETE.
» Le Ciel pardonne.

LUBIN.
» Rien ne m'étonne.

LE BAILLI.
» Hé bien ce soir
» Nous allons voir.

LUBIN.
» Hé bien ce soir
» Nous allons voir.

PASTORALE.

ANNETE.
» Ne plus nous voir !
» Quel desespoir !

LUBIN ET LE BAILLI.
» Nous allons voir.

SCENE XII.
LUBIN, ANNETE.

LUBIN.

Mais, voyez donc ce vieux fou.
Moi ! quitter tout ce que j'aime !
Il faut avoir un cœur plus dur que le caillou....
Annete, mon trésor, la moitié de moi-même....
Il l'embrasse.
Méchant Bailli, sans toi nous sommes aimés,
Et nous nous aimerons encore.
Le Ciel se réjouit, la nature s'honore
Des nœuds que l'innocence & l'amour ont formés.

ANNETE.
Laisse-moi. Je suis desolée.

Je rougis de moi-même.

LUBIN.

Au-moins regarde-moi.

ANNETE.

Non, Lubin, je n'ai plus de plaisir avec toi.

LUBIN.

C'est le Bailli qui t'a troublée;
Mais moi, ne suis-je plus ce Lubin si chéri?

ANNETE.

Non tu n'es plus le même. Hélas! je serai mere
    D'un enfant, de qui le pere
    Ne sera pas mon mari.

LUBIN *bien tendrement.*

Vas-tu haïr aussi mon enfant?

ANNETE *vivement.*

                Ah j'espere
Qu'il me sera permis de l'aimer, celui-là,
De nourrir mon enfant, de lui donner ma vie.
    Qu'il me haïsse après cela,
    Qu'il me méconnoisse & m'oublie;
Sa mere en expirant le lui pardonnera.

PASTORALE.

N°. 12.

« Ah que ce nom de mere est tendre!
» Qu'il a de douceur & d'appas!
» Mon cœur émû ne peut l'entendre,
» Sans un trouble charmant que je ne conçois pas.
» Quand je le prononce, il me semble
» Que le Ciel se laisse calmer,
» Qu'il me pardonne de t'aimer,
» Et nous permet de vivre ensemble.

LUBIN.

Sans doute, & mon cœur me le dit.
Voyons, qu'avons-nous fait qui nous soit interdit?

N°. 13.

« En paissant l'herbe fleurie,
» Nos troupeaux dans la prairie
» Se plaisoient à se mêler;
» Je dis: laissons-les aller
» Dans la même bergerie.
» Il t'en souvient; je ne vois jusques-là
» Pas l'ombre de mal à cela.
» Pour te donner de l'ombrage,
» Te garantir de l'orage,
» J'élevai cette maison;
» Et dans la belle saison,

» Tu logeas sous ce feuillage.
» Il t'en souvient ; je ne vois jusques-là
   » Pas l'ombre de mal à cela.
   » Quand la douce nuit ramene
   » Le repos après la peine,
   » Sur mon sein tu te penchois.
   » Tu dormois, je m'approchois
   » Pour respirer ton haleine.
» Il m'en souvient ; je ne vois jusques-là
   » Pas l'ombre de mal à cela.
   » Si quelquefois, ma Bergere,
   » Une caresse légere
   » Interrompoit ton sommeil,
   » Tu pardonnois, au réveil,
   » La faute qui m'étoit chere.

ANNETE.

» Il m'en souvient ; je ne vois jusques-là
   » Pas l'ombre de mal à cela ».

LUBIN.

Cependant voilà tout. Si notre cœur s'abuse,
   La bonne foi lui sert d'excuse.
Le mal n'est point un mal quand il est inconnu.
Nous aurons un enfant ; qu'il soit le bien venu.

PASTORALE.

N° 14.

« Si c'eſt une fillette,
» Gentile comme Annete,
» Elle aura ſa douceur.
» Tu la verras éclôre,
» Comme l'aimable aurore
» Voit éclôre une fleur.
» Et ſi c'eſt un garçon,
» Il ſera, je l'eſpere,
» Le portrait de ſon pere,
» Joyeux, alerte & ſans façon ».
Cette petite créature
Croîtra près de nous, ſous nos yeux.
Nous l'aimerons à qui mieux mieux;
Et, quoi que le Juge en augure,
Il nous reconnoîtra du moins
Aux careſſes, aux tendres ſoins
De l'amour & de la nature.

ANNETE.

Cependant le Bailli nous menace, & ce ſoir....

LUBIN.

Qu'il vienne. Je ſuis prêt à le bien recevoir.

ANNETE.

Oh non, point d'imprudence. Ecoute.
Lui-même il nous a fait entendre qu'il en coûte,
Et qu'avec de l'argent tout peut s'accommoder;
Peut-être Monseigneur daignera nous aider.

LUBIN.

Peut-être bien. Pour lui les Bergers font des hommes;
Il nous tient lieu de pere à tous tant que nous fommes;
Il aime que l'on foit heureux à fes dépens;
Sur-tout il eſt d'avis qu'on faſſe des enfans.

ANNETE.

Hélas ! s'il favoit que je pleure,
Il feroit bien furpris ! En paſſant tout-à-l'heure,
Tu ne fais pas qu'il vient de déjeûner ici ?
J'ai fait tout de mon mieux; voilà fon grand-merci.
Elle montre l'argent qu'il lui a donné.
C'eſt fans doute un appui que le Ciel nous ménage;
Car il m'a fait tant d'amitiés !

LUBIN.

Allons, ma chere Annete, allons fur fon paſſage

PASTORALE.

Tous deux nous jetter à ses piés.
Ecoutons. C'est la voix des chiens que l'on rassemble.
La chasse revient, ce me semble.

ANNETE *intimidée*.

Ah Lubin, Monseigneur......

SCENE DERNIERE.

LE SEIGNEUR, ANNETE, LUBIN.

LE SEIGNEUR.

JE suis reconnoissant, Annete : j'ai voulu vous revoir en passant. Est-ce-là Lubin ?

ANNETE.

Oui, Monseigneur, c'est lui-même.

LE SEIGNEUR.

Il paroît triste & vous aussi.
Qu'est-il donc arrivé ?

LUBIN.

Monseigneur, le voici.

Sauf votre bon plaisir, j'aime Annete, elle m'aime.
Si-bien que tout en nous aimant,
On dit que nous allons, je ne sais pas comment,
Nous trouver bientôt pere & mere.

LE SEIGNEUR *à part.*

Je l'ai prévu.

LUBIN.

Le Juge en est fort en colere.
Il vient de nous injurier.
Il dit qu'il eût fallu d'abord se marier;
Je demande qu'on nous marie.
Il ne veut pas, il peste, il crie;
Il dit même que dès ce soir
Il faut nous séparer.

ANNETE.

Et ne plus nous revoir.

LUBIN.

Vous êtes bienfaisant, vous êtes équitable;
Ah, Monseigneur, protégez-nous.
Votre Bailli nous donne au diable;
Nous nous recommandons à vous.

PASTORALE.

ANNETE.

Dans l'état où je suis serai-je délaissée ?

LE SEIGNEUR.

Le Bailli n'a pas tort, mes enfans, & la Loi
De vos amours est offensée.
Mais rassurez-vous : contez-moi
Comment la chose s'est passée.

ANNETE.

Rien n'est plus simple, hélas, & le Ciel qui m'entend
Sait si nous méritons ce dont on nous menace.

LUBIN.

Monseigneur, à notre place,
Vous en auriez fait autant.

N°. 15.

« Nous nous aimions dès l'enfance ;
» Et quand on se voit souvent,
» L'on grandit sans qu'on y pense,
» L'on se croit toujours enfant.
» Hélas ! comme le tems passe !
» Un jour n'étoit qu'un instant.
» Monseigneur, à notre place,

» Vous en auriez fait autant.

ANNETE.

» Je me trouvois orpheline,
» Il se trouvoit orphelin ;
» Il consoloit sa cousine,
» Je consolois mon cousin.
» A la fin le cœur se lasse
» De se plaindre à chaque instant.
» Monseigneur, à notre place,
» Vous en auriez fait autant.

LUBIN.

» Nous nous voyons seuls au monde ;
» Aucun ne pensoit à nous ;
» Et dans cette paix profonde
» Tout nous disoit : *Aimez-vous.*
» Que voulez-vous que l'on fasse
» Tête-à-tête à chaque instant ?
» Monseigneur, à notre place,
» Vous en auriez fait autant.

ANNETE.

» Le loisir, la solitude,
» Le penchant & la pitié
» Nous ont fait une habitude
» D'une si douce amitié.

PASTORALE.

» Je n'ai point un cœur de glace,
» Et mon Lubin m'aimoit tant !

Ensemble.

» Monseigneur, à notre place,
» Vous en auriez fait autant ».

LE SEIGNEUR

Oui, mais j'aurois mal fait, & dans votre aventure
Je vois combien la nature
Est facile à s'égarer,
Et tout ce que l'on risque à ne pas l'éclairer.

ANNETE.
N°. 16.

« Si vous avez aimé, pardonnez ma foiblesse.
» J'aime Lubin, Lubin m'aime à son tour.
» Vouloir qu'il me délaisse,
» C'est vouloir me priver du jour.
» Que je donne au moins la vie
» Au tendre fruit de son amour ;
» Et qu'après, si l'on veut, elle me soit ravie.

LE SEIGNEUR *à part.*

Que je me sens attendrir !
L'on n'aime bien qu'au village.

LUBIN *desolé.*

Monseigneur, empêchez Annete de mourir :
Je mourrois avec elle, & ce seroit dommage.
Hélas si vous saviez quels étoient nos plaisirs,
Avant que ce Bailli vînt troubler nos loisirs.
    « Il falloit voir ma Bergere
    » Folâtrer sur le gazon :
    » La brebis est moins légere,
    » Quand elle a quitté sa toison.

ANNETE.

    » Il falloit sur la fougere
    » Voir folâtrer mon Berger :
    » Un agneau qui suit sa mere,
    » Est moins joyeux & moins léger.

LUBIN.

» La fleur des champs est moins belle.

ANNETE.

» Moins doux est le jour naissant.

LUBIN.

» La colombe moins fidelle.

ANNETE.

PASTORALE.
ANNETE.
» Le zéphir moins careffant ».
LUBIN.
Et voyez à-préfent comme elle eft pâle & trifte.
A des pleurs fi touchans fe peut-il qu'on réfifte?
Avec indignation.
Et le vieux Bailli s'en défend.
Il lui prédit que fon enfant
Lui reprochera fa naiffance.

ANNETE *en pleurant.*
Ah! s'il vient me la reprocher,
Ce fera fur ma tombe.

LE SEIGNEUR.
Allons, il faut tâcher
De rendre à votre amour toute fon innocence.
Si vous aviez du bien, vous pourriez obtenir
La liberté de vous unir,
Et ce nœud feroit légitime ;
L'infortune n'eft pas un crime :
Il ne faut pas vous en punir.

LUBIN *tranfporté.*
Nous ferons mariés!

D

ANNETE *tendrement.*

Nous pourrons l'un & l'autre
Vivre & mourir ensemble !

LE SEIGNEUR.

Oui, je vous le promets.

ANNETE ET LUBIN *à genoux.*

Monseigneur !

LE SEIGNEUR.

Levez-vous.

ANNETE ET LUBIN *sans se lever.*

Quel bonheur est le nôtre !

LE SEIGNEUR *à part.*

Voilà deux heureux que je fais.

ANNETE *à genoux encore, baisant une main
du Seigneur.*

Ah que ces mains qui nous unissent,
Nous feront cheres à jamais !
Vous pouvez dire desormais :
Sans cesse deux cœurs me bénissent.

LUBIN *à genoux baisant l'autre main.*

Nos beaux jours seront vos bienfaits,

PASTORALE.

Et nous vous en ferons l'hommage.
Dans nos plaisirs les plus parfaits,
L'amour nous peindra votre image.

LE SEIGNEUR.

« Aimez-vous, aimez-vous bien,
» Aimez-vous toute la vie.

ANNETE ET LUBIN.

» Cette loi sera suivie.

LUBIN.

» Croyez-en mon cœur.

ANNETE.

» Et le mien.

LUBIN.

» Et le mien.

LE SEIGNEUR *à Lubin.*

» J'en crois son cœur & le tien.
» Aimez-vous, aimez-vous bien.
» C'est moi qui vous y convie ;
» Je serai votre soutien.

ANNETE ET LUBIN.

» Aimons-nous, aimons-nous bien ;

ANNETE ET LUBIN, PASTORALE,

» Monseigneur nous y convie ;
» Il sera notre soutien.

LE SEIGNEUR.

» En formant ce doux lien,
» Je le vois avec envie.

ANNETE ET LUBIN.

» Le doux lien ! le doux lien !
» Et qu'il est digne d'envie !

LE SEIGNEUR, ANNETE ET LUBIN.

» Aimez-vous, aimez-vous   ⎫
» Aimons-nous, aimons-nous ⎬ bien.
                            ⎭

» Aimez-vous,   ⎫
» Aimons-nous   ⎬ toute la vie.
                 ⎭

FIN.

Ariette
D'Annete et Lubin

n.° 1.

Quelle est belle, ma cabane! c'est l'ouvrage de Lubin, si ce feuillage se fane, il le change de sa main, il le... Des que le Soleil se leve, il éclaire ce séjour, j'y vois Lubin tout le jour; ou s'il est absent, j'y rêve, mon cœur attend son retour, ou s'il est absent, j'y rêve, mon cœur attend son retour. Quelle est belle, ma cabane! C'est l'ouvrage de Lubin, Si ce feuillage se fane, il le change de sa

2.^e

Deux jeunes tilleuls,
Plantés sur le rivage,
Tant qu'ils étoient seuls,
Plioient au moindre orage,
Pret à se voir renversés,
Leurs rameaux s'unissent,
Dès qu'ils son entrelassés,
Voyez Comme ils fleurissent.
Tout dit que pour être heureux,
Il faut que l'on soit deux.

n.º 3.

J'entens sa voix je la re vois ma chere An-
-nete ma compagne la fleur l'ornement de ces
bois la fleur l'ornement de ces bois Riche pa-
-lais superbes toits vous ne val--lés pas
ma campagne j'y suis plus heureux q.^e les

Rois j'y suis plus heureux que les Rois,
plus heureux que les Rois j'y suis plus heu=
=reux que les Rois j'y
a La ville tout languit à la
ville tout languit tout fleu rit dans
cet a zi le tout fleu rit dans Cet à
zi=le a nos vœux do-ci-le la na=
=tu re nous sou rit la na tu re
nous sou rit quel bon
heur pur et tranquille quel bon

bergeri-e, il t'en souvient! je ne vois
jusques là pas l'ombre du mal à ce
la, pas l'ombre du mal à ce la,

2

Pour te donner de l'ombrage,
Te garantir de l'orage,
Je te fis cette maison,   (bis)
Et dans la belle Saison
Tu logeas sous ce feuillage,
Il t'en souvient; je ne vois &,

3

Quand la douce nuit ramène
Le repos après la peine,
Sur mon Sein tu te penchois (bis)
Tu dormais ; je m'approchois
Pour respirer ton haleine,
Il m'en souvient ; je nevois &,

4

Si quelquefois ma bergère
Une caresse légère
Interrompoit ton Someil, (bis)
Tu pardonnois au réveil
La faute qui m'etoit chère,
Il m'en souvient ; je nevois &

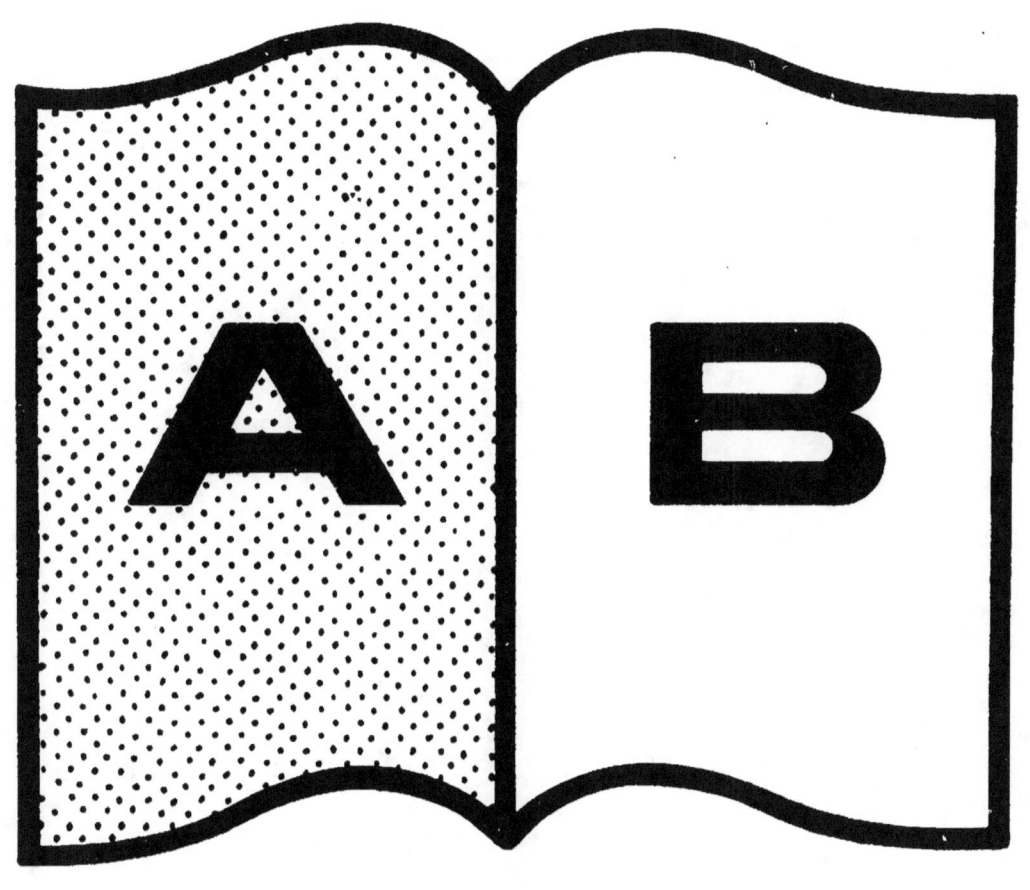

Contraste insuffisant

NF Z 43-120-14

www.ingramcontent.com/pod-product-compliance
Lightning Source LLC
LaVergne TN
LVHW050612090426
835512LV00008B/1448